JN410099

풀잎마다 이슬방울

박 영 숙 시조집

교음사

책 머리에

처음에 글 한 편을 쓰고 나면 너무 잘 쓴 거 같아 스스로 감탄하였다. 세상에 이보다 더 좋은 글은 없다고 생각되었다. 며칠 뒤에 다시 읽어보면 너무 부끄러웠다. 또다시 얼마의 시간이 지난 뒤에 그것을 다시 읽어보면 이것도 글이라고 썼나 싶어 쓰레기통에라도 던지고 싶었고 어디 쥐구멍에라도 숨고 싶었다.

원래 모르는 사람이 용감하고 못 하는 사람이 겁없이 설친다. 나도 그렇다. 여기저기 원고청탁이 들어오면 겁 없이 원고를 보냈다. 그러다 보니 어느결에 등단한 지 오 년여 세월이 지났다. 그냥 얼굴에 철판을 두껍게 깔고 부끄러움을 무릅쓴 체 여기저기 휴지처럼 흩어져있던 그동안의 졸작을 한 권의 책으로 묶으려고 마음먹었다. 좋은 지도 말씀을 해 주신다면 겸허한 마음으로 받아들이겠다.

어머니!

그 이름을 듣기만 해도 목이 메이는 뜨거운 이름. 세상의 어머니가 다 그렇듯 나의 어머니도 참 헌신적인 분이셨다. 자기의 일생을 희생하시고 오로지 나를 위해 평생을 바친 분이시다. 나는 41년간 초등학교에 근무했다. 경남교원의 도농인사교류道農人事交流 원칙에 따라 때로는 벽지의 산골학교에서 또는 섬마을의 작은 학교에서도 근무를 했다. 열악한 환경의 그 긴 세월동안 어머니는 하루도 빠짐없이 새벽밥을 지어 주셨다. 심지어는 세시간 가까이 걸리는 시간, 버스를 세 번이나 갈아타야 하는 먼 거리의 오지 학교까지 출퇴근을 할 때도 늘 새밥을 지어 주셨다. 아홉 시의 출근시간에 맞추려면 다섯 시 반 첫 버스를 타야만 한다. 그러려면 다섯 시에는 집을 나서야

한다. 대체 어머니는 몇 시에 깨어나시어 밥을 지으신 걸까. 다른 동료나 동기생들은 전부 명퇴를 하거나 도중에서 교단을 떠났다. 내가 끝까지 혼자 완주하면서 정년까지 갈 수 있었던 것은 오롯이 한 알의 밀알로 거름되신 어머니의 희생 덕택이다.

내가 퇴근해서 돌아오면 항상 어머니는 고생했으니 피곤한데 쉬라고 말씀하시면서 나에게 집안일과 육아에 대한 걱정을 하지 않게 해주셨다. 나는 청개구리가 되지 않으려고 방안에서 개기며 말 잘 듣는 모범생으로 살아왔다. 나는 어머니를 위해서 해드린 것이 아무것도 없다. 어머니를 위해서 해 드린 것이 아무것도 없는 것이 슬프다. 아니 화가 난다. 젊을 때는 철이 없어 그랬고 나이 들면서는 배운 게 없으니

할 줄 몰라서 아무것도 하지 못한다. 가정살림은 많이 엉성하고 성글다. 잘 참아주는 남편에게도 평소에 하지 못한 감사의 말을 꼭 하고 싶다. 오직 이 한 권의 책을 어머니의 영전에 바치면서 어머니께 용서와 감사의 말씀을 올릴 뿐.

유례없는 무더위 속에서 졸작의 탄생을 위해 애써주신 모든 관계자들께도 감사의 말씀을 전한다.

사랑하고 존경하는 분께 졸작을 드린다. 도움과 채찍 말씀 주신다면 몸 낮추어 배우겠다.

– 2018년 무더위에 박영숙

| 풀잎마다 이슬방울 |

· 박영숙 시조집

· 차례

1. 바랭이풀

2. 세모꼴 내 마음

3. 어머니를 그리며

4. 하늘을 보니

5. 볼이 예쁜 녀석들

1

바랭이풀

자벌레

숨어서 우는 아픔
자벌레 눈물 자국

보듬자 용서하자
살 저미는 오체투지

이것이
나잇값이다
뼈를 깎는 나이테

바랭이풀

나는예
예쁜 장미로 태어나지 못했고예

백합꽃 높은 향도 지니지 못했어예

국화꽃 자태도 없어 뽐낼 것도 없어예

가시도 없어서 찌르지도 못하고예

덩굴손 그도 없어 기대지도 못하지예

채이고 짓밟히면서 을로만 살아가예

마음이

세 살배기 손녀딸 할미손 잡아끈다
모조지 캔버스에 달걀만한 동그라미
이것은 마음이 옛 모습 엄마 뱃속에 있었단다

작년 가을 며느리는 마음이를 낳았다
네 살 된 손녀딸은 생명 주는 삼신할매
눈과 입 코 그려주니 마음이가 숨을 쉰다

다섯 살 누나는 용을 쓰고 앉아서
삐뚤빼뚤 서툰 글씨 삼 년 걸쳐 벽화 완성
세진이 동생이름 새기며 구슬땀을 훔친다

봄 향기

옥매화
한 가지를
유리잔에 꽂았더니

온 집안
가득하게
봄 향기 젖어든다

새 붓을
말끔히 씻어
수묵화를 그릴까

내소사의 봄

천지에
꽃들은
지천으로 피어나서

날좀보소
날좀보소
소리소리 지르는데

단청도
안 한 민얼굴에
옷깃 절로 여며진다

네 잎 클로버

네 잎 클로버가 행운의 잎이라고

풀숲을 헤쳐가며 이슬 맞고 찾았더니

우연히 만난 행운은 슬며시 떠나갔다

어느 축구선수의 눈물

자책골 멋진 헤딩
숨 멎은 오천만

순간의 연결고리
회환 속에 솟는 눈물

만회골
기다리는데
오지 않는 축구공

빈 둥지

아기새 잃은 둥지 깃털 하나 나부끼고
동그란 햇살 하나 맴돌다 지친 하루
밤하늘 별을 헤이다 하얀 밤을 뉘인다

너 떠난 빈 둥지엔 적막만 감돌구나
주인 없는 책상에는 먼지만 쌓이는데
저 세상 날아간 새는 어느 하늘 맴돌까

풋대추

연둣빛
싱그러운
풋풋한 그 내음은

고요 속
꿈을 꾸고
나래 펴는 젊은 기상

명문가
후예로구나

어엿한
씨앗 하나

물앵두를 보며

너는
물앵두 익는
붉은 오월에 왔다가

국화꽃 피어나는
하얀 시월에
떠나갔다

서른 넷

흰 카네이션
녹지 않는 시린 가슴

너는 멀리 가고

볼우물 예쁜 미소 남기고 떠난 너는
애타는 내 마음은 아랑곳 하지 않네
별자리 빛나는 하늘에 별똥별은 지는데

상그레 붉힌 볼이 수줍고 어여뻐서
잎새가 떠나버린 가로수 가지 사이
가로등 작은 불빛도 보조개로 웃는다

빛바랜 사진 한 장 꺼내어 다시 보니
구겨진 상처 두고 화살로 달린 세월
아련한 추억 속에서 그림자로 흐른다

부모가 되는 아픔

며느리 전화소리
눈물에 젖어있다

젖몸살 너무 아파
네 방구석 뒹굴다가

부모가
되는 아픔을
자식 낳고 배웠단다

어느 흐린 날

차에서 내리는데 우산을 건네준다
작은 미소 대신 주고
말없이 받았는데

온종일 다 지나도록
비는 오지 않았다

부부란 한 몸이다 한 곳을 바라보는
이인삼각 함께 가는
이랑 긴 파밭 길을
긴 우산 지팡이 짚고
남편 삼아 길을 간다

황혼

세월은 바람 타고 살같이 날아가고

황혼이 손짓하는 산마루 높은 봉에

머무는 한 조각 구름도 시름겨운 한순간

2

세모꼴 내 마음

세모꼴 내 마음

세모꼴 내 마음은
둥글지 못하여서

찌르고 흠집 내고
상처만 주는구나

생각을 둥글게 하면
예각銳角은 없을 것을

달항아리

달항아리 넉넉한 그 품에 나를 묻고

나쁜 맘 미운 심술 숨기고 싶어진다

마음의
거울 없어도
너를 닮아 크는 품새

군불

놓치고 싶지 않아 꼬리를 움켜쥐고

마지막 한여름이 몸부림을 치고 있네

저녁놀 타는 하늘가 여름 군불 뜨겁다

발자국

인생이 왔다가는
한세상 발자국들

내가 새긴 흔적들을
뒤돌아 살펴보니

무엇에 쫓기었기에
어지럽고 바빴나

바퀴벌레

미세먼지 켜켜이
자리하고 누운 구석

거미줄도 질세라
얼기설기 얽혀있고

그 속에 바퀴 한 마리
눈치 보며 서성인다

마중물

마중물 맞으려고
길 위에 나섰더니

잰걸음 달아나며
잡는 손 뿌리치네

가파른
언덕길 보며
거칠어진 심호흡

사공이 많은 배

사공이 많은 배는 산으로 향해 가고
뱃길을 못 찾으니 절절이 네 탓이다
조용히 입을 다물고 왔던 길 돌아보자

낙상落傷

지구를 보듬으면
내 것이 될 줄 알고

양팔로 보듬다가
와장창 자빠졌네

욕심은 금물이란다
내 복만큼 살리라

둘째

첫 번째 공주님은 새 옷 입고 춤을 추고
세 번째 왕자님은 아빠 품에 즐거운데
둘째는 관심도 없다 있어도그만 없어도그만

목 늘어진 헌 런닝 닳아빠진 크레파스
쥐어박고 빼앗기고 땅만 보고 분 삭이는
대물림 서러운 눈물, 두 뺨 위에 뜨겁다

유혹

지상파 공중파를 질겅질겅 맛보다가
영양가 하나 없고 맛 또한 너무 없어
슬며시 리모컨 놓고 책장 앞에 다가선다

시집들이 손 내밀고 악수를 청한다
뿌리 깊은 풀을 뽑고 돌멩이 골라내어
해묵은 묵정밭에다 시조나무나 심을까

시집 산책

글맵시 하도 좋아 눈 닦고 자꾸 본다
내딛는 발자국엔 글꽃향 아롱지니

파랗게 퍼지는 향기
그님 마음 읽는다

낮잠

꽃바람 향긋 부니 책장이 나부낀다

후다닥 마파람은 한 권 책 다 읽었네

졸면서 더듬던 글 숲, 나는 걸음 멈추었네

허수아비

가을을 품에 안고 팔 벌린 허수아비

몰아친
비바람도
목마른
가뭄에도

인고로
여름 보내며
이 가을을 지킨다

첫걸음

얼굴에 송골송골
이슬같은 땀방울에

두어낱 머리카락
젖은 듯 앉아 있네

오늘도 걸음마 연습
넘어지며 앞을 가는

3

어머니를 그리며

사모곡思母曲

손 모아 마음 모아 비시던 어머니는
열두 폭 비단치마 고운 꿈 접으시고
한 세상 정갈한 삶을 밀알 되어 바쳤네

스치는 바람에도 귀 모아 걱정하고
해지는 골목어귀 어둠이 찾아들면
젖은 손 닦지도 않고 등불 내다 거셨네

일신인一新人*

세라복 주름치마 무지개꿈 나래 펴고
파아란 하늘 향해 청마로 날았지
두 팔을 힘차게 뻗어 우주마저 안았네

검은 공단 자수틀 오색실 꿰어들고
섬섬옥수 한 올 한 올 땀땀이 새긴 정성
지금도 일신역사관에 꽃으로 피어있다

*지금의 진주여고 전신

교사가 되었으나

임용고시 합격하고 설레인 첫 부임지
창녕군 대합초교* 일학년 담임 배정
잔혹한 일본인 교장은 내선일체內鮮一體** 채찍질

가르치는 현장에도 눈물겨운 차별교육
입 있어도 말 못 하는 나라 앗긴 설운 백성
모국어 말살교육에 짓밟히던 민족혼

* 경남 창녕군에 위치한 초등학교

** 일제강점기 시절 일본과 조선은 하나라고 윽박지르며 한국을 말살하고 일본화 하려 했던 일본의 강경정책

시집살이

스란치마 외씨버선 횃대*에 걸어두고
물항아리 달을 이고 내달리던 새벽길
칠 남매 맏며느리의 구슬 같은 땀방울

학의 날개 꺾이고 목메인 긴긴 세월
벙어리 냉가슴으로 남몰래 삼킨 눈물
명주옷 다듬이질로 겨울밤을 지새웠네

* 장대의 두 끝을 끈으로 묶어 벽에 달아매어 놓고 옷을 걸던 옛날의 옷걸이.(주로 오죽을 사용했음.)

부산으로

아버지 직장따라 부산으로 신접살림
돌틈사이 풀꽃처럼 자유를 숨 쉬었네
지쳤던 허리를 펴고 하늘 보고 별을 보고

서대신동 한 모퉁이 둥지 튼 보금자리
어머니 팔베개에 자장가 들으면서
포근한 그 품속에서 미소짓던 어린 시절

풍금소리와 조각보

축음기 돌아가고 음악도 흐르고
풍금에 얹은 손은 학춤을 추며 날고
딸에게 가르친 첫 노래 새 나라의 어린이

조각보 아귀 맞춰 고운 꿈 기워주고
물방울 원피스에 나비리본 달아주며
홍치마 색동저고리 매어주던 자주고름

회초리

태극기 앞에서 부끄럽지 말아라
작은 힘 뭉쳐야 큰 힘이 된다
가슴에 굳게 새겨라, 한국인의 높은 긍지를

바르게 판단해라 반듯하게 행해라
아는 것이 힘이다 겸손하게 배워라
싸릿대 어머니 회초리 얼음이듯 불꽃이듯

보름달은 이지러지고

할머니 세상 뜨니 빚더미 일곱 무덤
문전옥답 팔아가며 무지개로 채색했네
보름달 이지러지니 상처뿐인 영광들

묵향이 그윽하니 옷깃 절로 여며진다
먹물에 마음 찍어 눈물로 쓴 인고의 말
해서체 가화만사성家和萬事成 가훈으로 걸렸다

어머니의 방

정갈함 묻어나는 정돈된 자개옷장
차곡히 쌓여있는 가계부 서른 세 권
그 성정 가지런하여 눈물 절로 납니다

아련한 구십 인생 굽이굽이 넘던 고개
학은 날개 접고 북망산 날아가니
마음은 허허로워라 님을 향한 그리움

어머니의 가계부

모서리 닳아 헤진 수십 권 공책이
씨실과 날실 되어 엮어온 긴 긴 날들
타래로 잇고 풀어서 겨울밤이 기운다

그 속에 담겨 있는 애잔한 작은 추억
고만고만 사연들에 어리는 그리움들
마지막 장을 넘기면
떨리는 덧셈 뺄셈

바위

세월이 강물 되어
흘러간 그 자리에

물결은 세월따라
굽이굽이 감도는데

의연히
버티고 앉은
바위라는 그 이름

행복이란

서른 둘 어린 후배 문자를 보내왔다
일생을 함께 걸을 반려를 찾았다고
인人이란 서로 돕는 것 개똥철학 나의 훈수

옹골찬 후배가 답글로 보내온 말
인人이란 발맞추며 둘이서 넘는 고개
서로가 몸을 낮춰야 행복한 백세 인생

자연인 *

아픔도 숨겨두고
슬픔도 묻어두고

외로운 정하나
허공에 흩뿌리니

아련한 그리움마저
바람에 실려간다

*mbn : 〈나는 자연인이다〉

소나무의 이야기

소나무 잔가지에
얘기 하나 걸어놓고

까치가 물고가서
전해주기 바라는 맘

무심한 구름 한 점이
흔들고 달아난다

4

하늘을 보니

진찰

의사의 말 한마디 눈치 보며 맘졸이고
대학병원 내린 선고 청천벽력 위장암
소견서 한 장을 들고 먼 성모병원* 찾았다

숙제 안 한 악동처럼 떨고 있는 어깨 위에
무심한 의사가 가시로 찌르는 말
위암은 아무것도 아니란다 심장이 멎는단다

* 서울성모병원

수술

가슴을 열어젖혀 심장혈관 이식하고
접착제로 떡칠하고 철삿줄로 옭아매니
집도의執刀醫 추상화 한 점 문신으로 새겨졌다

일반인보다 열 배나 높은 백혈구 큰 수치
수술 후 열 두시간 심장에 고인 핏물
내 몸은 혼절을 했고 의식마저 잃었지

함지박 식은땀이 침대를 다 적시고
가냘프게 뛰는 맥박 기도 속의 작은 희망
모두의 기원을 담은 기적 같던 재수술

중환자실

게슴츠레 실눈 뜨니 집중관리 중환자실
세 번이나 갈아 끼운 붉은 수혈 주머니
생사의 갈림길에서 몰아쉬는 심호흡

주렁주렁 걸려있는 스무 개도 넘는 수액
컴퓨터로 물어보고 답장받아 처방하고
밤새운 간호사 이마에도 송골송골 맺힌 진땀

하늘을 보니

구름은
파란 하늘에
공작새 수를 놓고

우듬지
이는 바람
까치집 흔들면서

묵시록
한 페이지를
소리 없이 넘긴다

시간 속에서

동그란 슬픔 속에
아픔이 묻어나고

시간을 꿰매보는
바늘 끝도 무디구나

알알이 박히는 세월
노래 잃은 앵무새

시간

호연을 품었더냐
큰 기상 안았더냐

흐르는 세월따라
빛바랜 높고 큰 꿈

심장의 박동 소리도
사위어 가는 날에

어느 한 생

소아마비 팔십 평생
밟아보지 못한 땅

컴컴한 골방에서
월척을 낚던 꿈은

세월에 문신 새기고
저승길 떠나갔다

이사 간 빈집

이웃이 떠난 빈집
빗장 건 녹슨 대문

삐뚜름 우편함엔
찾는 이 없는 낙엽

바람만 건듯 불어와
안부 묻고 흔든다

소나기 온 날

소나기 지나갈 때
대문을 걸었더니

담장을 타고 넘어
옥상에 올라갔다

널어둔 이불을 적시고
패대기쳐진 빨래들

골동품

인사동 뒷골목에
즐비한 골동품들

눈길 주는 사람 없고
머무는 발길 없어

뿌옇게 이고 있는 먼지를
소낙비가 씻고 있네

오이 파는 할매

오이를 파는 할매
그 모습 고달프다

오이도 할매 닮아
등굽고 꼬불졌다

짠하게
가슴을 때려
한 움큼을 담았다

세월

명줄을 싣고 가는
손수레 힘겹다

구부정 둥근 등이
시리도록 아픈 오후

모질게

닳은 손톱에서
그 세월을 읽는다

구인 광고

남몰래 감춘 두 손
목장갑에 숨겨두고

일용직 구인 광고
눈을 꽂은 일간지에

먼 훗날

그날을 생각하며
무지개꿈 그리는

우란분절에

추녀끝
풍경들이
반공중 높이 떠서

오는 바람
가는 향내
맞았다 보내는가

산사는
풍경소리로
진혼곡을 읊고 있다

5

볼이 예쁜 녀석들

논개

발아래 흘러가는 푸른 물 바라보며

수백 년 전 그 옛날의 한 여인을 생각한다

붉은 넋 열 손가락에 품어 안은 조국을!

소녀상

한 소녀
비 맞으며
온몸으로 울고 있네

힘없는
나라 백성
통곡소리 처량한데

찢어진
우산이나마
씌워줄 이 그 누구랴

안중근

님의 숨결 남아있는 머나먼 이역 하늘

나라사랑 더운 피로 단지斷指한 연추하리*

뜨거운 그대 충열 앞에 식은 가슴 부끄럽소

*연추하리-안중근의사가 단지한 곳
한국인은 연추하리라 부르고 러시아인들은
노브키예프스크라고 부른다.
1938년 일본군과의 전투에서 순직한 크라스킨 중위를 추도하기
위하여 크라스크크노라고 명명하였다.

진혼제鎭魂祭

-박노정시인 떠나시는 길에-

허어연 수의 한 벌 식은 몸을 감싸고
한 켤레 짚신짝도 신지 못한 맨발로
머나먼 극락 가시는 길 감기들라 발 다칠라

그른 짓 용납 않고 바르고 올곧게만
한결같이 걸어온 길 향기마저 높더니
한 마리 흰나비 되어 북녘 하늘 날아가네

최고만이 미덕이고 성공만이 미덕인데*
한 송이 빨간 장미 그것만이 님의 정열
낮은 삶 아우르시니 높은 지조 거룩하다

*박노정 시인의 「자화상」 시 구절에서 인용

이성자미술관에서

오묘한 색의 조화 추상화 자리매김
점에서 선을 이어 평면에서 입체로
영혼이 뿜어낸 오색실
예술혼을 수놓네

비봉산 얼을 받아 우주를 보듬으니
백의민족 향기로 세계를 아우르네
찬란히 빛나옵소서
아름다운 그 이름

석정문학관에서

중 2년 단발머리 석정시집夕汀詩集 손에 들고
지은이 신 석타 잘못 읽는 딸에게
시인의 바른 이름을 고쳐주신 아버지

석정 문학관에 아버지 살아계신다
메아리로 출렁이는 정다운 그 목소리
어린 날 추억 새기며 석정시집 꼭 안았다

우리 땅 독도

여기가 어디인가
내 나라 동쪽 바다

오천만 배달민족
숨결이 어리인 곳

반만년
지켜온 이 땅에
누가 꽂았나 일장기를!

서산 마애불

서산에 미소 짓는 백제시절 마애불

누구의 손길인지 정끝으로 새긴 불심

육백 년 모진 풍파도 그 정성 못 지웠네

월아산에 올라

월아산
올랐더니
구름이 발아래다

저 멀리
들려오는
공군부대 젊은 함성

나라를
지키려는 긍지
아름차고 든든하다

진주의 혼

진주성 높은 벽은 이 땅 지킨 뜨거운 넋

강 건너 대숲처럼 푸른 충절 살아있고

조국을 사랑한 숨결 고이 지켜 이어왔다

뒤벼리

남강물 흘러흘러
세월을 씻어 보내고

침묵을 지키면서
역사를 새긴 날들

아득한 천 년 고도에
우뚝 솟은 푸른 기상

더위는 신이 나서

문설주 기댄 더위
스쳐가길 바랬건만

큰 걸음 뚜벅뚜벅
제멋대로 들어와서

반기어 맞는 이 없는데
제 혼자서 신이 난다

용광로 찌는 더위 한 자락 성큼 베어
털이불로 곱게 싸서 구들목에 묻어두면
눈보라 휘몰아치는 겨울추위 녹여질까

가을을 기다리며

계절을 앞당겨 핀
국화꽃 잎새 속에

꿀벌이 잉잉대며
여름을 나르면서

가을이 어디쯤 왔는지
뼘을 재고 있구나

입동

들에는 벼포기들
휑하니 잘려나고

빼셈공부 마친 나목
옷 벗어 추운 겨울

으스스 부는 바람에
오지랖을 여민다

볼이 예쁜 녀석들

집으로 가는 길에
콧노래도 함께 간다

식탁에 둘러앉은
깜찍한 작은 미소

보조개 패이는 그 자리
볼이 예쁜 녀석들

해설 박영숙 시인의 시조세계

삶의 진실과 자아성찰을 추구하는 정형미학

김 정 희 (시조시인)

1.

한 생의 대부분을 교육에 종사했던 박영숙 시인이 문단에 들어 각고면려한 5년간의 열매를 들고 첫 시조집을 상재한다니 경하慶賀해 마지않는다.

시인은 41년간 초등교단을 꾸준히 지키면서 학교경영자의 자리에서 거둔 업적도 대단하거니와 생의 후반기를 맞이하여 개척한 자아성취自我成就 또한 훌륭한 성과라고 말하고 싶다. 요즘같은 100세 시대 삶의 후반기에 새롭게 문학을 개척하는 분들이 많은 가운데 박 시인이 특히 우리나라의 전승문학傳承文學을 사랑하게 된 점을 높이 평가하고 싶다.

문학이 인류에게 왜 필요한가. 이 형이상학形而上學적인 문제를 두고 인류역사상 많은 이들이 연구하며 생의 문제를 철학적으로 모색해 왔지만 마지막 귀착지에 머물게 되는 것은 무엇일까. 더 진실하게 삶을 이끌어 가려는데 목표를 두고 자아를 성찰하며 아름다운 삶을 살아가는 길일 것이다. 인간은 사람답게 살아 나가야하는 진리의 길을 모색하기 위한 순례자이다. 꾸준한 자아성찰의 길에서 정진하며 자신의 생을 아름답게 가꾸는 일 중에서 문학이 정신문화의 핵이 된다고 본인은 생각해 왔으며 그 길에서 동행자를 만난 기쁨을 감출 수가 없다. 본인이 알기로 시인이 문학에 입문한지는 연소하지만 학문의 길에서 닦아온 기초 소양素養을 바탕으로 이렇게 빠른 성과를 이루었다고 생각된다.

숨어서 우는 아픔
자벌레 눈물 자국

보듬자 용서하자
살 저미는 오체투지

이것이
나잇값이다
뼈를 깎는 나이테

－「자벌레 전문」

「자벌레」는 자신의 삶을 성찰하는 과정의 대표작이다. 누구에게나 삶은 순탄하지 않다. 일찍부터 인류의 성자불타聖者佛佗께서는 세상살이를 두고 고해苦海라고 정의定意하셨다. 생의 뱃길을 떠나면 뜻하지 않은 광풍과 폭우를 만나기도 하며 풍파에 배가 뒤집혀 생사의 기로에 놓일 수도 있다. 남몰래 숨어서 우는 아픔 또한 얼마나 많은가. 그것을 단시조 한 수에 인생을 정리해 놓았다. － 보듬자/ 용서하자// 살 저미는/ 오체투지－ 마음의 슬픔도 스스로의 몫이거니와 서운함과 미움도 자신의 잘못으로 뉘우치고 용서하며 살 저미는 오체투지로 몸을 닦겠다는 참회의 성스러운 심상의 경지를 노래하고 있으면서도 그 참회하는 수행의 겸손한 마음가짐도 자기의 나잇값이라는 보살심菩薩心을 노래하고 있다. 범인凡人으로서는 누구나 오르지 못할 경지가 아닐까. 더구나 작은 미물인 벌레로 자신을 환치換置한 경지라니! 이것 또한 자신의 나잇

값으로 겸손하게 마음 씀이 참으로 아름답다.

나는예
예쁜 장미로 태어나지 못했고예
백합꽃 높은 향도 지니지 못했어예
국화꽃 자태도 없어 뽐낼 것도 없어예
가시도 없어 찌르지도 못하고예
넝쿨 손 그도 없어 기대지도 못하지예
채이고 짓밟히면서 을로만 살아가예

-「바랭이풀 전문」

지역의 토박이말로 착안하여 낮추고, 낮추면서 살아가는 겸손한 마음의 어여쁨은 모란꽃보다 아름답다. 어떻게 이런 시상이 우러났을까. 물론 평상심平常心에서 절로 마음에 배인 인격의 훌륭한 향일 것이다. 앞서기보다는 한 발 물러서는 사려思慮 깊음에 교육자로서의 훌륭한 인격적 향을 느끼게 한다. - 을로만 살아가예 - 결코 을로만 비치지 않는 훌륭한 비유比喩이다.

시인의 작품을 읽고 있노라면 일본의 100세 시인 시바타 도요라는 할머니 시인 생각이 난다. 그 시인의 아들(문학 평론가)이 구순에 접어든 어머니가 치매에 걸리지 않게 하기 위해 시공부를 권유했는데 자신의 인생경륜에서 우러난 솔직하고 담백한 짧은 시를 써서 세계적인 시인이 되었듯이 우리의 박 시인에게도 큰 박수로 격려하고 싶다. 시는 결코 먼 곳에 있는 것이 아니라 아름다운 마음에서 피어나는 마음의 꽃이다.

세모꼴 내 마음은
둥글지 못하여서

찌르고 흠집 내고
상처만 주는구나

생각을 둥글게 하면
예각銳角은 없을 것을

-「세모꼴 내 마음 전문」

뼈를 깎는 아픔과 수행 없이는 이렇게 절절한 내면의 성찰省察을 이룰 수가 없을 것이다. 또한 선천적으로 타고난 선善으로의 지향은 진실한 삶을 추구하는 생의 철학에서 형성되었을 것이다. 사람이 살아가는 근본이념이 이렇게 확고한 것은 필생을 살아오면서 이루어진 인격의 발로라고 사유思惟된다.

글을 쓴다는 것은 마음의 거울을 닦으면서 참되게 살아가며 자신을 구원救援 한다는 것을 시인은 자신의 시로써 증언하고 있다.

2.

이 세상에 태어난 인간은 누구나 부모의 은혜로 성장해 왔다. 그러나 이제 삼강오륜三綱五倫은 전설이 된 지 오래고 자식들은 부모의 공덕을 잊어버린 지 오래 되었다. 그러나 시인은 어머니를 절절히 그리며 사모곡 10편을 읊었다. 세상의 자식들이 부모 없이 태어난 사람은 없을진대 성장하면 어느새 모두 잊어버리고 부모는 의례히 자식을 위해 희생하는 사람으로만 여기는데 시인은 어머니의 전 생애를 상기하며 극진한 사랑을 읊고 있다.

손 모아 마음 모아 비시던 어머니는
열두 폭 비단치마 고운 꿈 접으시고

한 세상 정갈한 삶을 밀알 되어 바쳤네

스치는 바람에도 귀 모아 걱정하고
해지는 골목어귀 어둠이 찾아들면
젖은 손 닦지도 않고 등불 내다 거셨네

–「사모곡 전문」

어릴 때를 회상하며 쓴 글을 읽으면 가슴이 뭉클해진다.

어머니는 다 그런 줄 알았던 자식의 가슴이 내려앉는다. 뒤늦게 배은망덕이 저려 오는데 시인은 어머니의 전 생애를 읊었으니 필자는 얼굴에 모닥불을 끼얹은 듯 부끄럽다. 그 중에도 어머니의 시집살이를 보자.

스란치마 외씨버선 횃대에 걸어 두고
물항아리 달을 이고 내달리던 새벽길
칠남매 맏며느리의 구슬같은 땀방울

학의 날개 꺾이고 목 매인 긴긴 세월
벙어리 냉가슴 남 몰래 삼킨 눈물
명주옷 다듬이질로 겨울밤을 지새웠네

–「시집살이 전문」

일제강점기 때 고등교육을 받으신 어머니의 꿈 많던 학창 시절을 상기하고 신여성의 고된 시집살이까지도 상기했다. 어느 자식이 어머니를 이처럼 그리워할 것인가. 이는 참되게 살아가야 할 인간 윤리의 근원을 살펴보는 일이다.

태극기 앞에서 부끄럽지 말아라
작은 힘 뭉쳐야 큰 힘이 된다
가슴에 굳게 새겨라, 한국인의 높은 긍지를

바르게 판단하고 반듯하게 행해라
아는 것이 힘이다 겸손하게 배워라
싸릿대 어머니 회초리 얼음이듯 불꽃이듯

－「회초리 전문」

이 구절은 시조를 넘어선 금언金言이다. 어머니와 딸의 생각이 똑 같다.
어머니와 딸, 다 같이 교육자로 살아 왔기에.

3.

한 생을 살아가면서 우리는 느닷없이 험한 폭풍과

비바람을 겪게 마련이다. 시인은 큰 회오리 같은 절망과 상처를 입고 허망虛妄의 늪에서 헤어나지 못한 시절을 겪게 되었다. 눈물로 지샌 모정을 시조로 읊으며 눈물방울의 흔적을 남겼다. 시인은 이 작품으로 2013년 『시조문학』에 등단하였다.

아기 새 잃은 둥지 깃털 하나 나부끼고
동그란 햇살 하나 맴돌다 지친 하루
밤하늘 별을 헤이다 하얀 밤을 뉘인다

너 떠난 빈 둥지엔 적막만 감돌구나
주인 없는 책상에는 먼지만 쌓이는데
저 세상 날아간 새는 어느 하늘 맴돌까

－「빈 둥지 전문」

이 세상 마음의 상처 중에 참척慘慽 보다 더 아픈 일은 없을 것이다. 생전에 자식의 죽음을 보게 되는 암담함은 입으로는 말할 수 없는 괴로움이다. 이를 극복하는 아픈 심사를 글로써 달래보는 심정을 읊은 진솔한 마음이리. 시인의 작품은 현란한 수사도 없이 솔직한 표현이 울림을 주는 특색을 가졌다.

너는
물앵두 익는
붉은 오월에 왔다가

국화꽃
피어나는
하얀 시월에 떠나갔다

서른 넷

흰 카네이션
녹지 않는 시린 가슴

－「물앵두를 보며 전문」

만상萬象에 비치는 떠난 이의 그림자, 이제 더 이상 할 말은 없다.

4.

행복은 어디에 있는가.

－ 산 넘어 저 하늘 가/ 아득도 한 곳에/ 행복과 기쁨이 숨었다기에/ 아 내 그대와 찾아 갔더니/ 눈물을

흘리면서 돌아 왔노라/ 산 넘어 저 하늘가/ 더욱 더 먼 곳에/ 행복과 기쁨은/ 숨었다고요/ -

옛 시인 칼 풋세의 시처럼 사람들은 저마다 행복을 찾아 나서지만 그것은 결코 뜻대로 되지 않는 것이다. 시인도 탄식하듯이 노래를 지었지만 희망의 끈을 놓지는 않는다

네 잎 클로버가 행운의 잎이라고
풀숲을 헤쳐가며 이슬 맞고 찾았더니
우연히 만난 행운은 슬며시 떠나갔다

-「네 잎 클로버 전문」

자책골 멋진 헤딩
숨 멎은 오천만

순간의 연결고리
회한 속에 솟는 눈물

만회골
기다리는데
오지 않는 축구공

-「어느 축구선수의 눈물」

서른 둘 어린 후배 문자를 보내왔다
일생을 함께 걸을 반려를 찾았다고
인人이란 서로 돕는 것, 개똥철학 나의 훈수

웅골찬 후배가 답글로 보내 온 말
인人이란 발맞추며 둘이서 넘는 고개
서로가 몸을 낮춰야 행복한 백세 인생

－「행복이란 전문」

시인은 행복은 뜻대로 되지 않고 쉽사리 오는 것이 아니라고 생각하면서 현실에 좌절하지 말 것을 강조하고 있다. 어느 한때 눈물에 젖는 실망을 안았더라도 고난을 넘으면 산 너머 저 하늘가 더욱 더 먼 곳에 행복과 기쁨은 숨었다는 옛 시인의 노래가 상기된다. 시인은 남모르게 겪은 상처로 인하여 더욱 깊은 생의 철학을 시조로써 읊조리고 있는 것이다. 현란한 수사修辭 보다는 삶을 진솔하게 고백하는 노래가 만인의 가슴에 울림을 주지 않을까.

5.

시인은 나라를 잃은 시절, 교육자였던 어머니로부

터 받은 감화感化도 있었지만 전인격적인 교육자로서, 참된 삶을 지향하는 구도자의 입장에서 느낌을 받은 단시조들을 지어 지신의 생각을 표출하였다. 애국애족愛國愛族하는 마음과 고향사랑이 은근히 배인 노래를 들추어 보면 다음과 같다.

님의 숨결 남아 있는 머나먼 이역 하늘
나라사랑 더운피로 단지斷指한 연추하리*
뜨거운 그대 충열 앞에 식은 가슴 부끄럽소

* 안중근 의사가 단지한 곳

– 「안중근 전문」

발아래 흘러가는 푸른 물 바라보며
수백 년 전 그 옛날의 한 여인을 생각한다
붉은 넋 열 손가락에 품어 안은 조국을!

– 「논개 전문」

한 소녀
비 맞으며
온 몸으로 울고 있네

힘없는

나라백성
통곡소리 처량한데

찢어진
우산이나마
씌워줄 이 그 누구랴

－「소녀상 전문」

이밖에도 「우리 땅 독도」, 「진주의 혼」, 「뒤벼리」 등 나라를 사랑하는 마음과 자신이 태어난 고장이 낳은 세계적 거목인 화가 이성자를 노래한 〈이성자미술관에서〉는 이 고장 출신의 자랑스런 선배예술가를 찬양하고 있다.

노브키예프스크가 어디인가? 시인은 안중근 의사가 단지한 곳을 방문했던가 보다. 1909년 안중근 의사는 남의 땅 "노브키예프스크"(한국인은 그곳을 연추하리라고 했음)에서 11명의 동지들과 〈단지회斷指會〉라는 비밀결사대를 조직하여 죽음으로써 나라를 구하겠다는 맹세를 한 곳이 아니던가. 그 분이 여순 감옥에서 혈서로 쓴 유묵遺墨을 많이 남겨 여러 박물관에 소장되어 있는데 그 중 유명한 글귀는 〈일일불독서 구중생형극 一日不讀書 口中生荊棘 하루라도 책을 읽지 않으면 입속에서 가시가 돋는다〉이다. 혈서를 쓰기 위하여 손가락을 자른 손바닥 낙관은 한국인의 가슴에 큰 감동을 주고 우리가 한국인이라는 것을 다시금 깨닫게 한다. 시인은 그 가슴 뭉클한 감회를 읊조렸다. 수시로 건너다니는 남강의 푸른 물결을 바라보며 「논개」도 생각했을 것이다. 죽어서도 만인의 가슴에 살아 있는 안중근 의사와 논개를! 「소녀상」은 이 땅에 태어난 같은 여성의 입장에서 우리 겨레의 마음에 연민과 울분의 대상이 아니겠는가. 눈길이 닿는 곳마다 느끼는 감성의 표현은 오로지 꾸밈없는 진실 그 자체이다.

시인은 삶의 진실을 추구하는 마음가짐에서 우선 자아를 성찰하며 올바른 삶을 찬양하는 생의 목표를 제시提示하고 있다. 눈길이 닿는 자리마다 느끼는 감회에는 교양과 인격의 향이 배어있어 우리를 감동시키고 있다. 현란絢爛한 상징象徵과 은유隱喩는 생략省略하고 오로지 진실하고 성실한 마음의 표현으로 상재上梓하는 시인의 첫 열매에 박수를 보내고 앞으로 많은 성취가 있을 것으로 굳게 믿으며 오히려 어설픈 해설이 누가 되지 않을까 염려하며 붓을 놓는다.

박영숙 시조집

풀잎마다 이슬방울

2018년 11월 10일 초판 인쇄
2018년 11월 15일 초판 발행

지은이 / 박영숙
발행인 / 강석호

발행처 / 도서출판 교음사
편집 / 수필문학사 출판부

03147 서울 종로구 삼일대로 457 수운회관 1308호
Tel (02) 737-7081, 739-7879(Fax)
e-mail gyoeum@daum.net
등록 / 제300-2007-52호

* 잘못된 책은 바꾸어 드립니다. 값 10,000 원

ISBN 978-89-7814-743-9 03810

이 도서의 국립중앙도서관 출판예정도서목록(CIP)은 서지정보유통지원시스템 홈페이지(http://seoji.nl.go.kr)와 국가자료공동목록시스템(http://www.nl.go.kr/kolisnet)에서 이용하실 수 있습니다. (CIP제어번호 : CIP2018033254)

후원

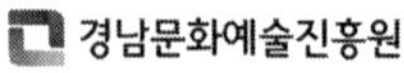

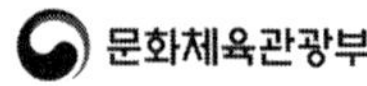